Aprendo
a leer y escribir

Método fonético silábico

Autora: Mónica Sarmiento  Ilustradora: Agustina Lopes

Este libro es de:

- -

Published by Mónica Sarmiento
E-mail: mssarmiento@hotmail.com
Menlo Park,CA 94025

Copyright © 2020 Mónica Sarmiento
Illustrations © 2020 Agustina Lopes
All rights reserved. No part of this book may be reproduced
in any form or by any electronic or mechanical means.

Library of Congress Cataloging-in-Publication Data

Mónica Sarmiento, Author
Agustina Lopes, Illustrator

ISBN: 978-1-7346665-1-9
Printed in the United States of America. First Edition

Aprendo a Leer y Escribir is a book based on the Phonetic Syllabic Method, that provides children with a series of carefully thought out and well-sequenced activities that will ensure their success in learning to read and write in Spanish.

Why a Phonetic Syllabic Method?

After having been teaching for more than 30 years to hundreds of children I have arrived to the conclusion that the best method to learn to read Spanish is a Phonetic Syllabic Method.

Spanish is the perfect candidate to be taught according to a phonetic approach. Why? Because Spanish is also an alphabetic language. This means that there is almost a perfect one-to-one correspondence between the sounds and the letters that represent those sounds. Children must learn to develop such correspondence.

Spanish is also a syllabic language. A syllable is a sound unit that can be easily learned. Syllables are more natural than letter sounds because they are easier for children to pronounce, and to recognize.

How is this method used in Aprendo a Leer y Escribir?

The Phonetic Syllabic Method used in Aprendo a Leer y Escribir introduces each of the five vowels by emphasizing the reading and spelling of each of them. Then, syllables are introduced by combining each consonant with each of the vowels to form a direct syllable (consonant + vowel). Once the child dominates a new direct syllable, he is ready to combine it with another one to make a new word. This pattern repeats all along the book. By the end of the book, the child will be able to read and write any word with two or more direct syllables (any CVCV word).
Twenty-two direct syllables are introduced following a sequence based on the frequency of their appearance both in words used by early literacy texts, and in words familiar to children.

A key component of the Phonetic Syllabic Method in Aprendo a Leer y Escribir is that each new syllable introduced always appears in an initial position in the word. For example, to teach the syllable ma, words such as mama, mano, manzana, etc. are used. This makes the auditory discrimination, reproduction, and memorization of the syllable easier than if the syllable were situated at the end of a word. For example, rama for the syllable ma.

Every word in the book Aprendo a Leer y Escribir, has an illustration as a visual support to facilitate the children understanding of each word that they read.

New words are introduced with each new syllable. The words are repeated throughout the book, which facilitates their memorization, and thus the enrichment of the child's vocabulary. By the end of the book, the child will have learned 500 new words.

Aprendo a Leer y Escribir, comes in a series of five workbooks, each workbook covers the following letters.
Book 1: Vowels AEIOU; **Book 2**: M P S L T; **Book 3**: R N B F D; **Book 4**: C (ca,co,cu) C (ce,ci) que, qui. J G CH;
Book 5: V LL Y Z H K W X Ñ

Aprendo a Leer y Escribir es un libro basado en el método fonético silábico, que brinda a los niños una serie de actividades cuidadosamente pensadas y bien secuenciadas que asegurarán su éxito en aprender a leer y escribir en español.

¿Por qué un método fonético silábico?

Después de haber enseñado durante más de 30 años a cientos de niños, llego a la conclusión de que el mejor método para enseñar a leer español es un método fonético silábico. El español es el candidato perfecto para ser enseñado de acuerdo con un enfoque fonético. ¿Por qué? Porque el español también es un idioma alfabético. Esto significa que hay una correspondencia casi perfecta entre los sonidos y las letras que representan esos sonidos. Los niños deben aprender a desarrollar esa correspondencia. El español también es un idioma silábico. La sílaba es una unidad de sonido que se puede aprender fácilmente. Las sílabas son más naturales que los sonidos de letras porque son más fáciles de pronunciar y reconocer para los niños.

¿Cómo se usa este método en Aprendo a Leer y Escribir?

El método silábico fonético utilizado en Aprendo a Leer y Escribir introduce cada una de las cinco vocales enfatizando la lectura y la ortografía de cada una de ellas. Luego, las sílabas se introducen combinando cada consonante con cada una de las vocales para formar una sílaba directa (consonante + vocal). Una vez que el niño domina una nueva sílaba directa, está listo para combinarla con otra y crear una nueva palabra. Este patrón se repite a lo largo del libro. Al final del libro, el niño podrá leer y escribir cualquier palabra con dos o más sílabas directas (cualquier palabra CVCV). Veintidós sílabas directas se introducen siguiendo una secuencia basada en la frecuencia de su aparición, tanto en palabras usadas por textos de alfabetización temprana como en palabras familiares para los niños.

Un componente clave del método fonético silábico en Aprendo a Leer y Escribir es que cada nueva sílaba introducida siempre aparece en una posición inicial en la palabra. Por ejemplo, para enseñar la sílaba ma, se usan palabras como mamá, mano, manzana, etc. Esto hace que la discriminación auditiva, la reproducción y la memorización de la sílaba sean más fáciles que si la sílaba estuviera situada al final de una palabra. Por ejemplo, rama para la sílaba ma.

Cada palabra del libro Aprendo a Leer y Escribir tiene una ilustración como soporte visual para facilitar a los niños la comprensión de cada palabra que leen. Se introducen nuevas palabras con cada nueva sílaba. Las palabras se repiten a lo largo del libro, lo que facilita su memorización y, por lo tanto, el enriquecimiento del vocabulario del niño. Al final del libro, el niño habrá aprendido 500 palabras nuevas.

Aprendo a Leer y Escribir, viene en una serie de cinco libros, cada libro cubre las siguientes letras.
Libro 1: Vocales AEIOU; **Libro 2**: M P S L T; **Libro 3**: R N B F D; **Libro 4**: C (ca, co, cu) C (ce, ci) que, qui. J G CH;
Libro 5: V LL Y Z H K W X Ñ

Book 2
Mm Pp Ss Ll Tt

This book presents effective activities for teaching reading and writing to children who are learning Spanish as a first or second language.

COLOREA LOS DIBUJOS QUE COMIENZAN CON LA LETRA M

Mm

REPASA O TRAZA LA LETRA M

COLOREA O REDONDEA LOS DIBUJOS QUE COMIENZAN CON LA LETRA M

COLOREA LOS ESPACIOS CON LA LETRA

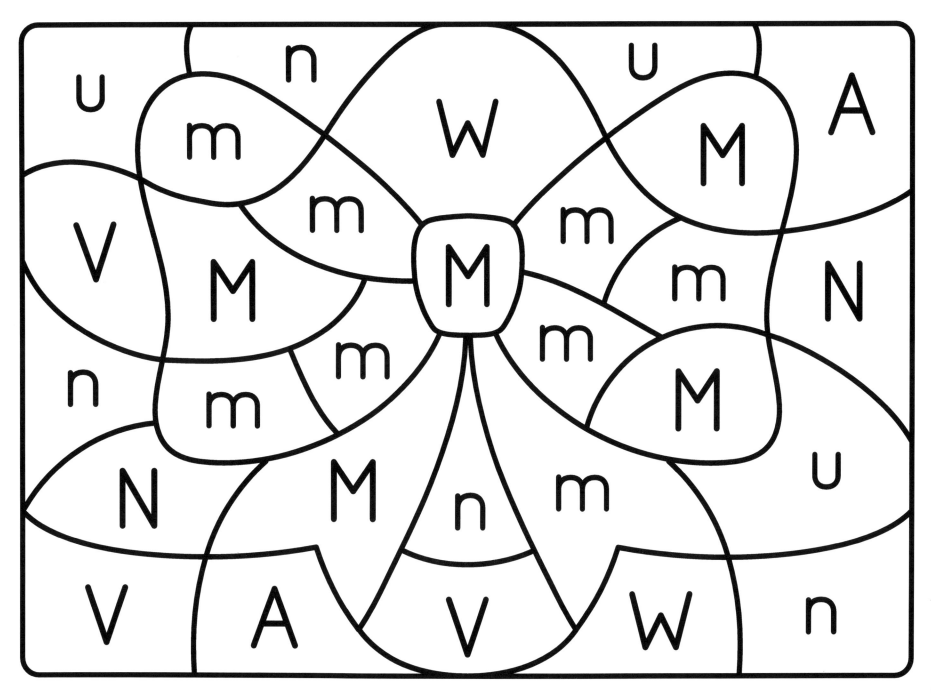

DI EL NOMBRE DE CADA DIBUJO. DI EL SONIDO DE LAS LETRAS.
LEE LA SÍLABA. TRAZA Y ESCRIBE CADA SÍLABA.

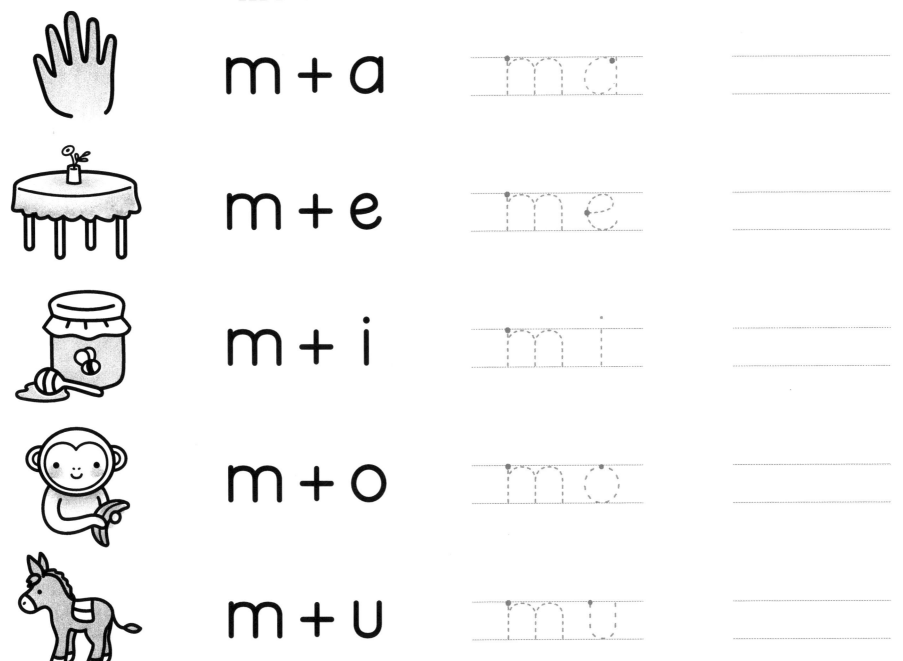

DI EL NOMBRE DEL DIBUJO Y UNELO CON LA SÍLABA INICIAL CORRESPONDIENTE.

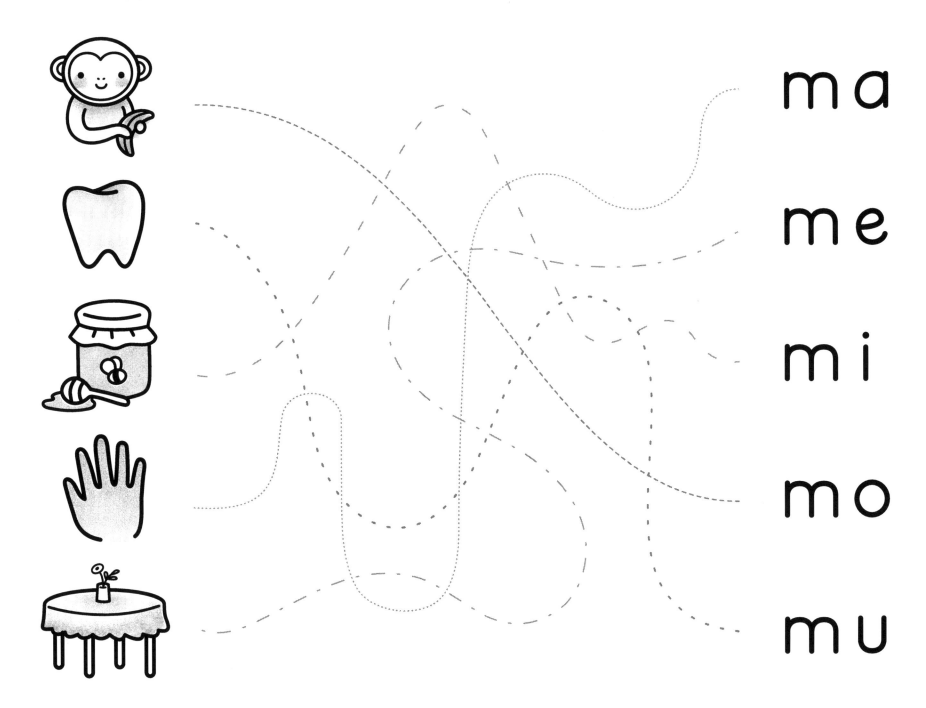

COLOREA LOS GLOBOS QUE TENGAN LAS MISMAS SÍLABAS QUE LOS NIÑOS.

DI EL NOMBRE DEL DIBUJO Y REDONDEA LA SÍLABA INICIAL.

 ma me mo

 mu ma mi

 mi mo mu

 ma me mo

 mu ma mo

 mo ma mi

 ma me mo

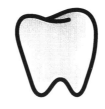 mi mo mu

 me ma mi

 me ma mi

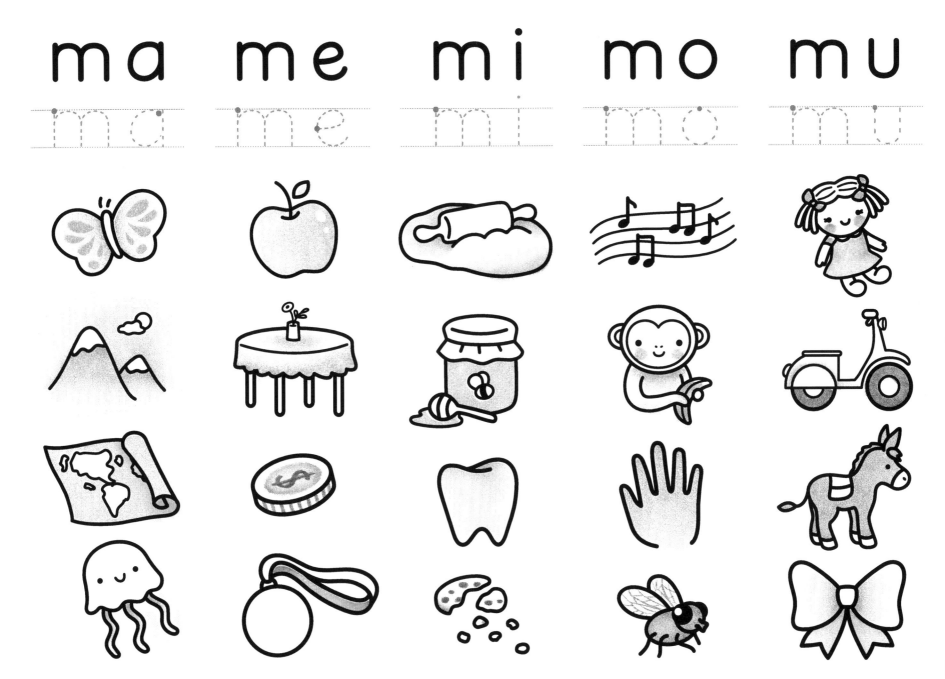

ESCRIBE LA SÍLABA INICIAL PARA CADA DIBUJO.

 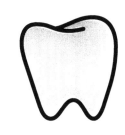  

RECORTA LOS DIBUJOS Y AGRUPALOS SEGÚN SU SÍLABA INICIAL

ma me mi mo mu

PÉGALOS EN LA SIGUIENTE HOJA.

CATEGORIZAR.

ma me mi mo mu

TIRA LOS DADOS Y COLOREA EL NÚMERO DE BURBUJAS QUE INDIQUE LOS DADOS.
LEE LAS SÍLABAS DE LAS BURBUJAS QUE COLOREAS.

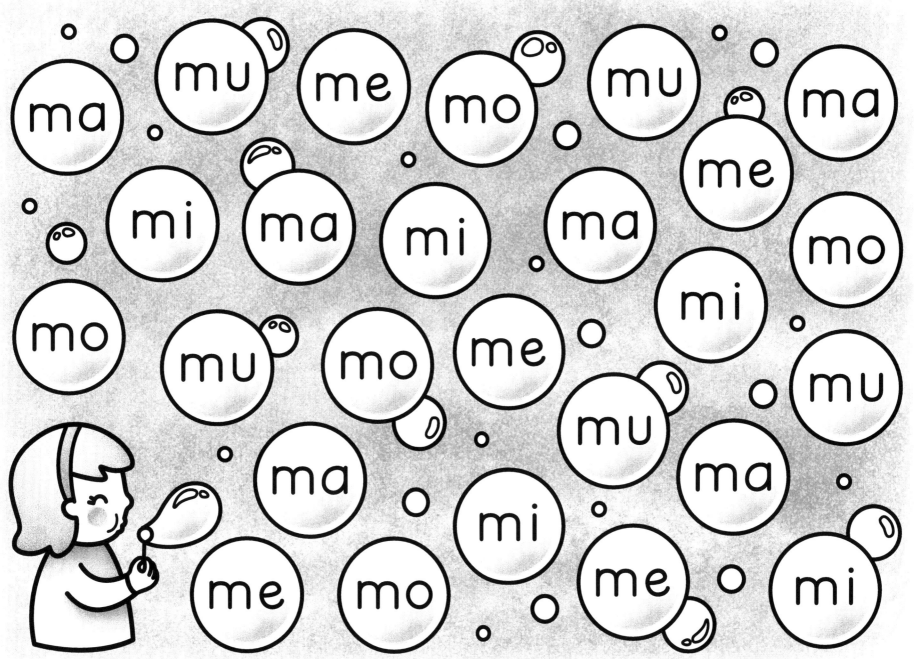

COLOREA LOS DIBUJOS QUE COMIENZAN CON LA LETRA P

REPASA O TRAZA LA LETRA P

COLOREA O REDONDEA LOS DIBUJOS QUE COMIENZAN CON LA LETRA P

16

COLOREA LOS ESPACIOS CON LA LETRA

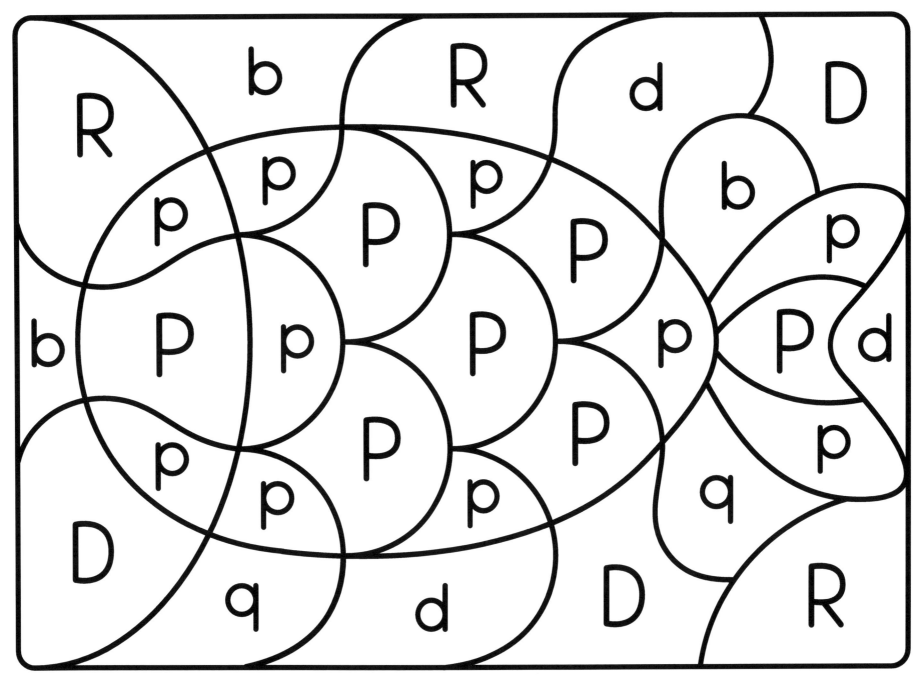

DI EL NOMBRE DE CADA DIBUJO. DI EL SONIDO DE LAS LETRAS.
LEE LA SÍLABA. TRAZA Y ESCRIBE CADA SÍLABA.

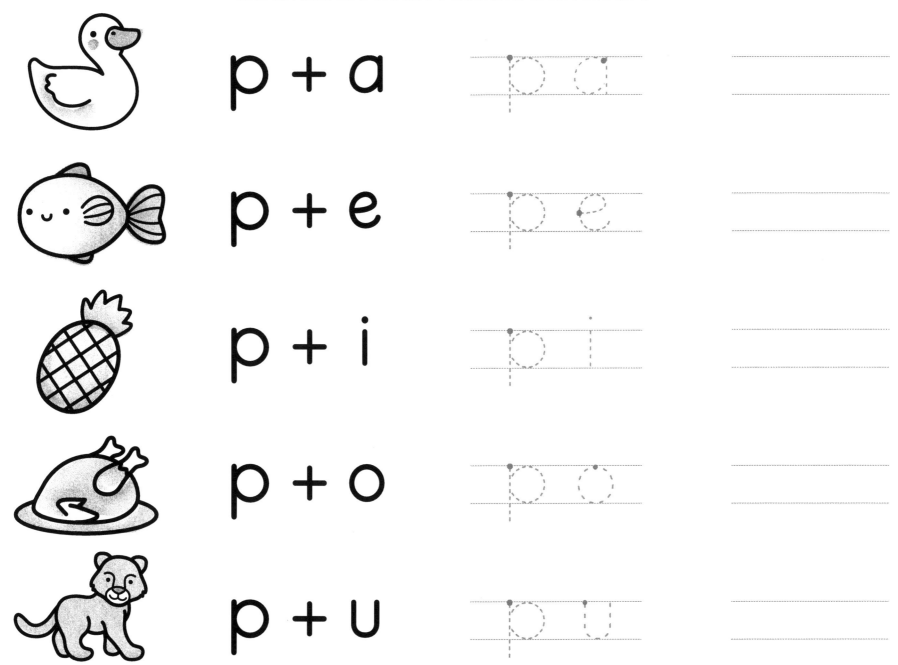

DI EL NOMBRE DEL DIBUJO Y UNELO CON LA SÍLABA INICIAL CORRESPONDIENTE.

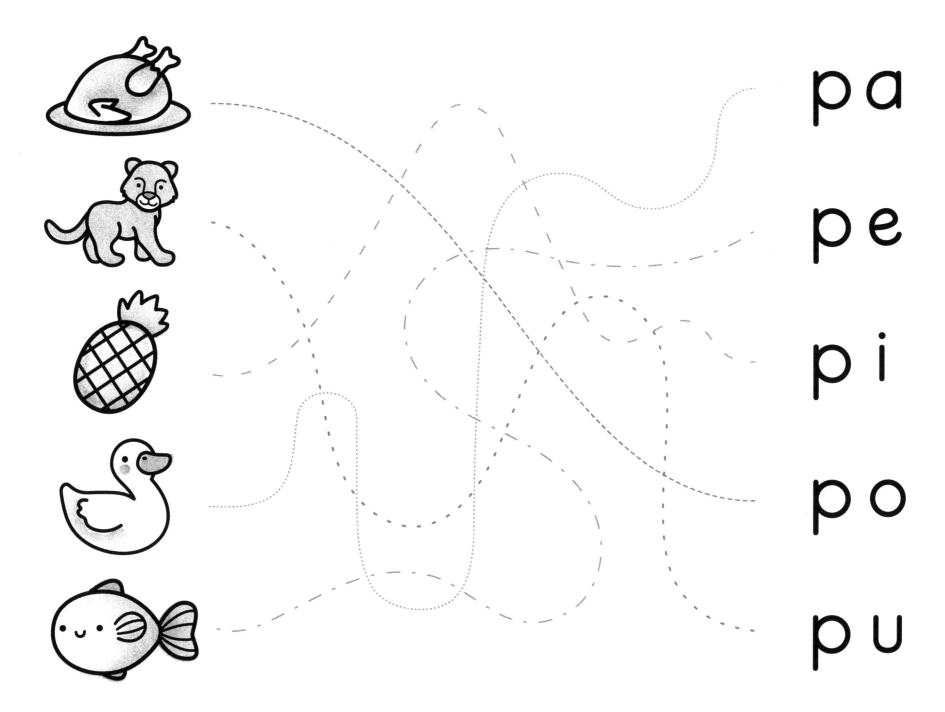

COLOREA LOS GLOBOS QUE TENGAN LAS MISMAS SÍLABAS QUE LOS NIÑOS

DI EL NOMBRE DEL DIBUJO Y REDONDEA LA SÍLABA INICIAL.

LEE Y TRAZA CADA SÍLABA. REDONDEA EL DIBUJO QUE COMIENZA CON LA SILABA QUE CORRESPONDE.

ESCRIBE LA SÍLABA INICIAL PARA CADA DIBUJO.

RECORTA LOS DIBUJOS Y AGRUPALOS SEGÚN SU SÍLABA INICIAL

pa pe pi po pu

PÉGALOS EN LA SIGUIENTE HOJA.

CATEGORIZAR.

pa pe pi po pu

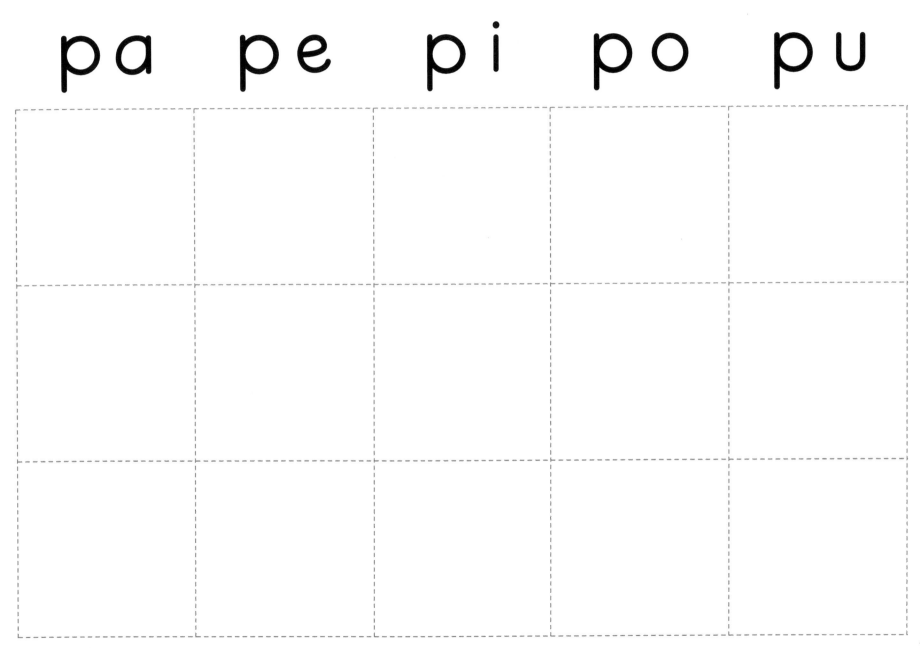

TIRA LOS DADOS Y COLOREA EL NÚMERO DE BURBUJAS QUE INDIQUE LOS DADOS.
LEE LAS SÍLABAS DE LAS BURBUJAS QUE COLOREAS.

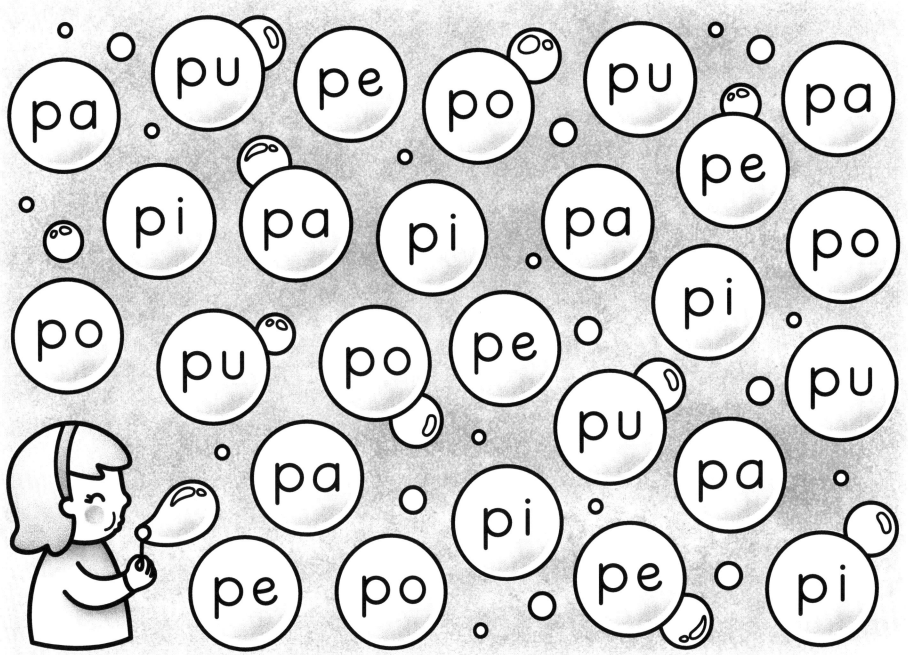

REDONDEA LA PALABRA QUE CORRESPONDA

mapa | mamá

mapa | mamá

puma | papá

papá | puma

mamá | mimo

memo | mimo

CONECTA CON UNA LÍNEA LAS SÍLABAS PARA FORMAR LA PALABRA

ORDENA LAS LETRAS PARA FORMAR LA PALABRA

papa memo mapa mama puma mimo

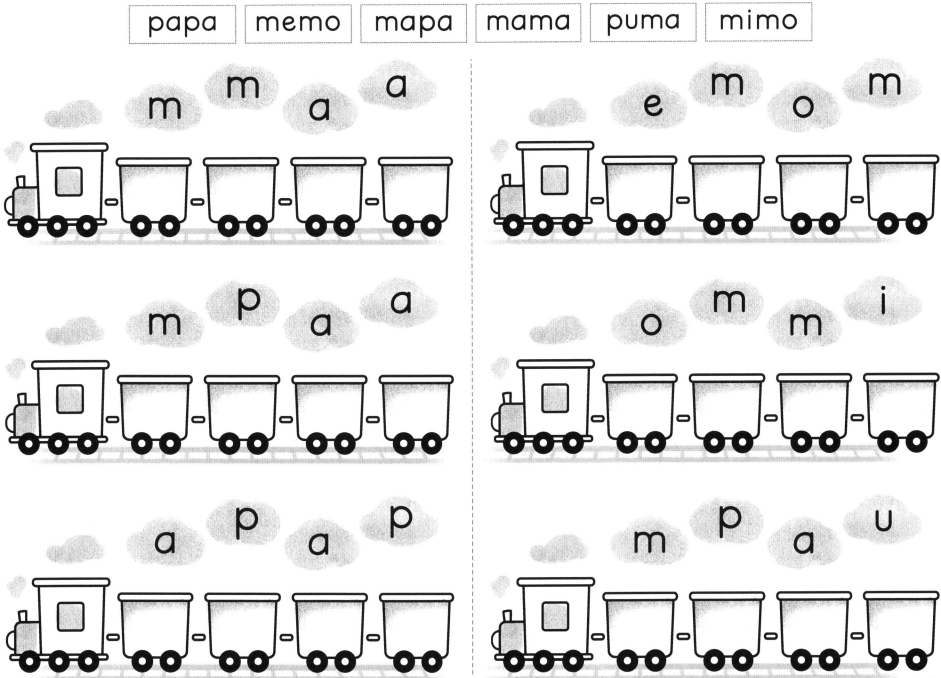

COLOREA LOS DIBUJOS QUE COMIENZAN CON LA LETRA S

REPASA O TRAZA LA LETRA S

COLOREA O REDONDEA LOS DIBUJOS QUE COMIENZAN CON LA LETRA S

COLOREA LOS ESPACIOS CON LA LETRA S s

DI EL NOMBRE DE CADA DIBUJO. DI EL SONIDO DE LAS LETRAS.
LEE LA SÍLABA. TRAZA Y ESCRIBE CADA SÍLABA.

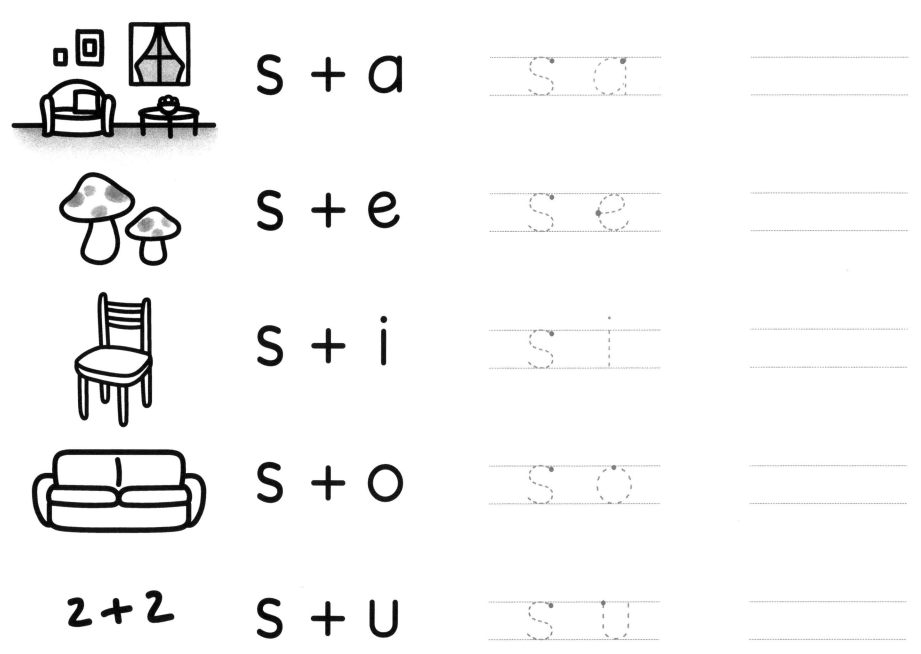

DI EL NOMBRE DEL DIBUJO Y UNELO CON LA SÍLABA INICIAL CORRESPONDIENTE.

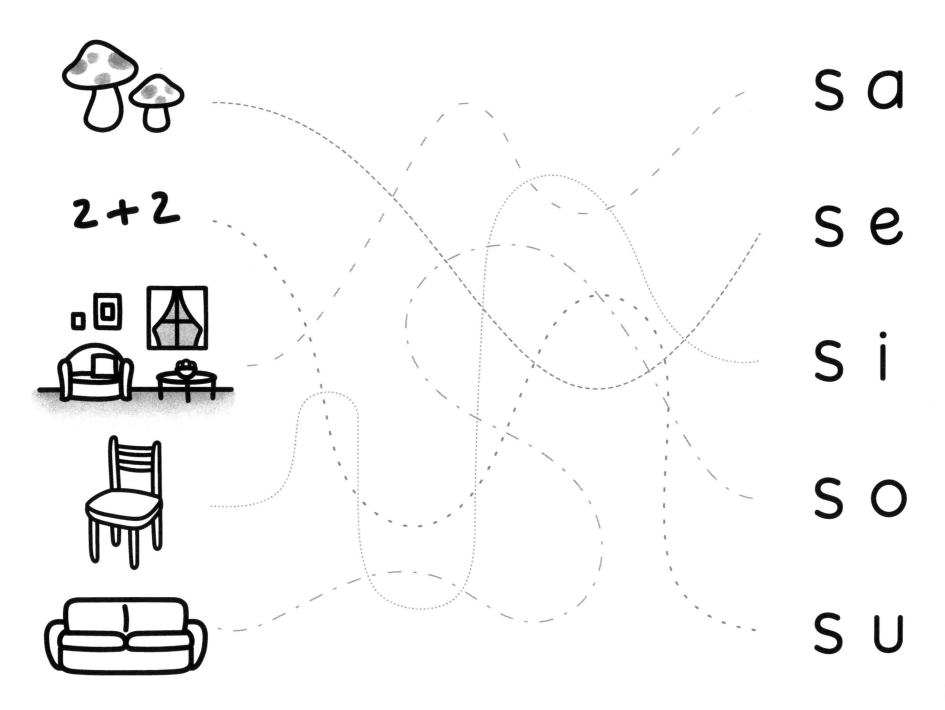

COLOREA LOS GLOBOS QUE TENGAN LAS MISMAS SÍLABAS QUE LOS NIÑOS

DI EL NOMBRE DEL DIBUJO Y REDONDEA LA SÍLABA INICIAL.

2+2   se su sa    si se sa

 si so sa    so su se

 se so su    sa si se

 so si se   (silla) so si se

 sa se su    sa se so

LEE Y TRAZA CADA SÍLABA. REDONDEA EL DIBUJO QUE COMIENZA CON LA SILABA QUE CORRESPONDE.

sa   se   si   so   su

39

ESCRIBE LA SÍLABA INICIAL PARA CADA DIBUJO.

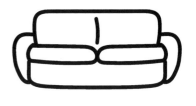

RECORTA LOS DIBUJOS Y AGRUPALOS SEGÚN SU SÍLABA INICIAL

sa se si so su

PÉGALOS EN LA SIGUIENTE HOJA.

CATEGORIZAR.

sa   se   si   so   su

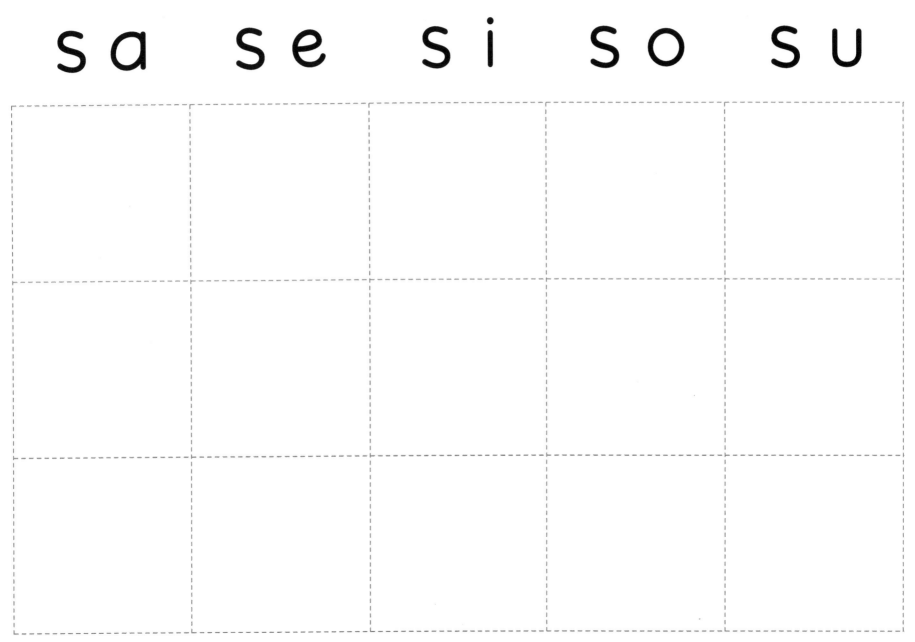

TIRA LOS DADOS Y COLOREA EL NÚMERO DE BURBUJAS QUE INDIQUE LOS DADOS.
LEE LAS SÍLABAS DE LAS BURBUJAS QUE COLOREAS.

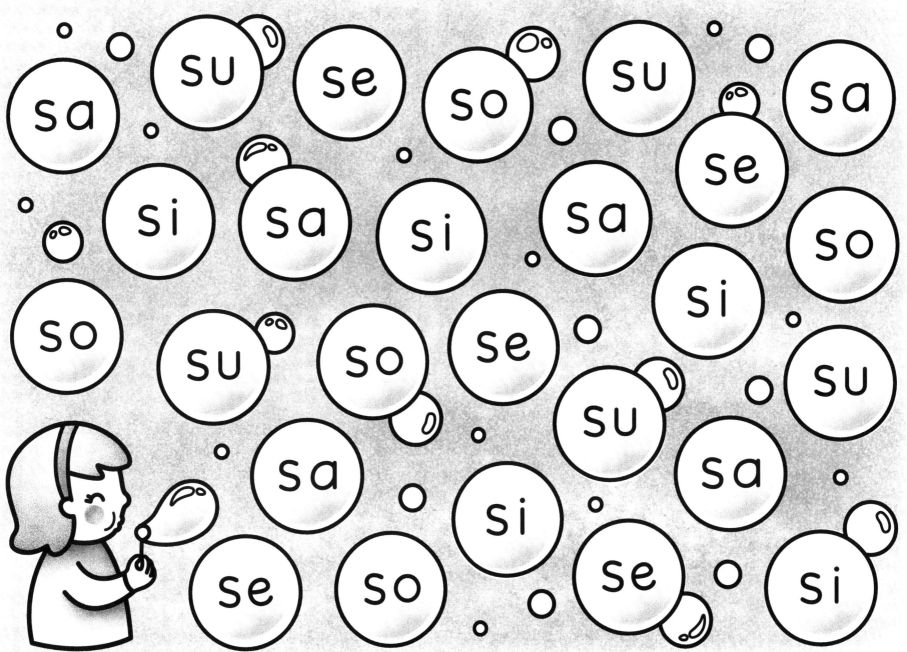

REDONDEA LA PALABRA QUE CORRESPONDA

masa | mesa

sopa | sapo

piso | puma

susi | suma

pasa | sopa

masa | misa

CONECTA CON UNA LÍNEA LAS SÍLABAS PARA FORMAR LA PALABRA

COMPLETA LA PALABRA CON LAS LETRAS QUE FALTAN

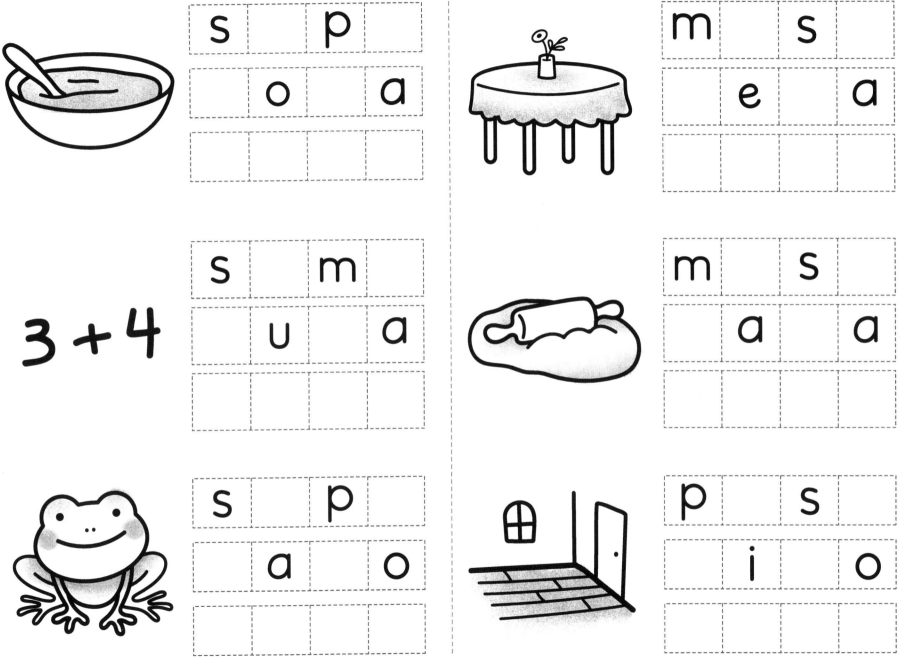

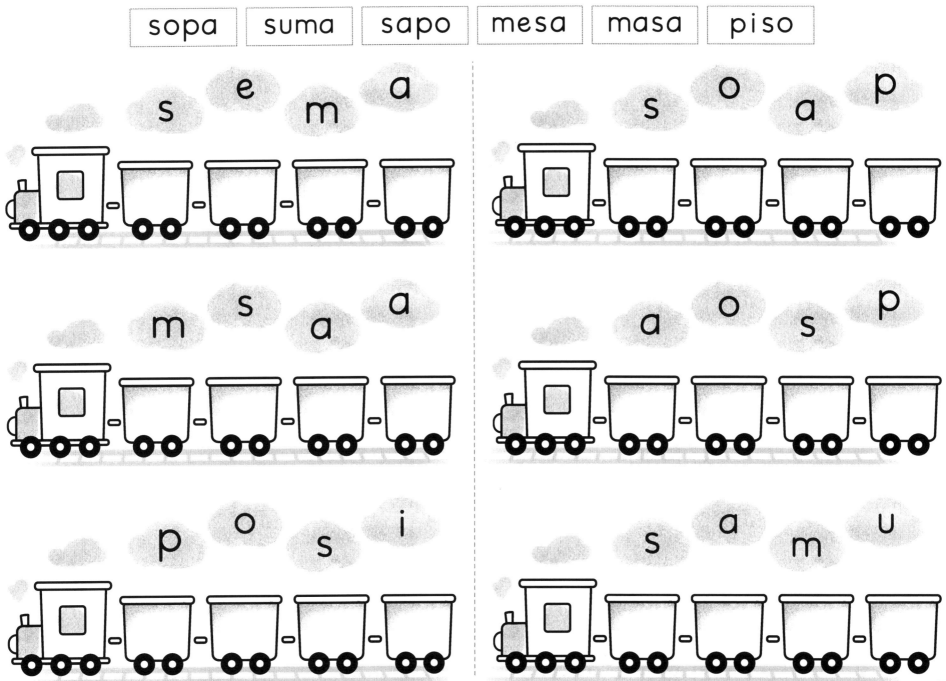

COLOREA LOS DIBUJOS QUE COMIENZAN CON LA LETRA L

Ll

REPASA O TRAZA LA LETRA L

COLOREA O REDONDEA LOS DIBUJOS QUE COMIENZAN CON LA LETRA L

COLOREA LOS ESPACIOS CON LA LETRA Ll

DI EL NOMBRE DE CADA DIBUJO. DI EL SONIDO DE LAS LETRAS.
LEE LA SÍLABA. TRAZA Y ESCRIBE CADA SÍLABA.

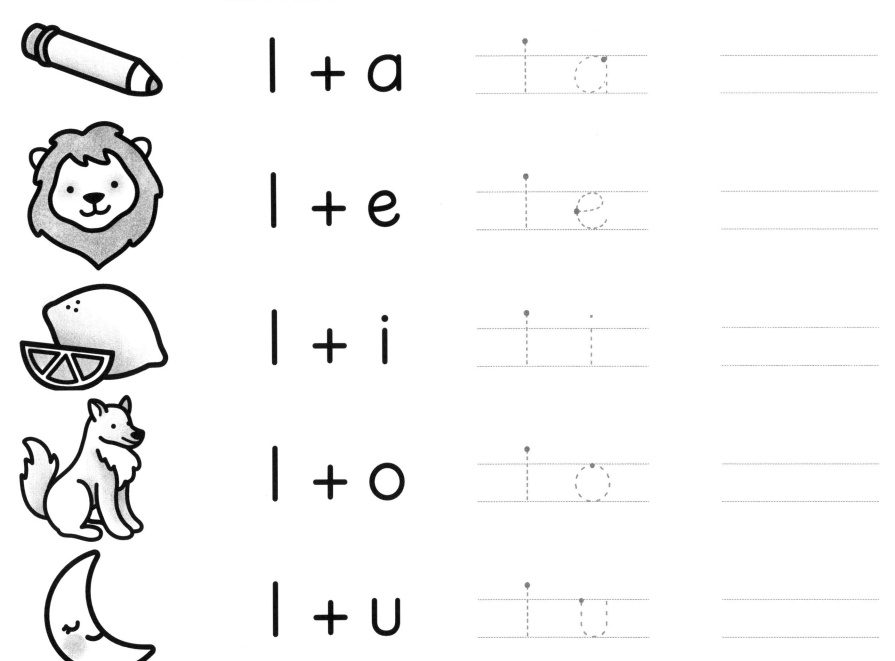

DI EL NOMBRE DEL DIBUJO Y UNELO CON LA SÍLABA INICIAL CORRESPONDIENTE.

COLOREA LOS GLOBOS QUE TENGAN LAS MISMAS SÍLABAS QUE LOS NIÑOS.

DI EL NOMBRE DEL DIBUJO Y REDONDEA LA SÍLABA INICIAL.

ESCRIBE LA SÍLABA INICIAL PARA CADA DIBUJO.

RECORTA LOS DIBUJOS Y AGRUPALOS SEGÚN SU SÍLABA INICIAL

la le li lo lu

PÉGALOS EN LA SIGUIENTE HOJA.

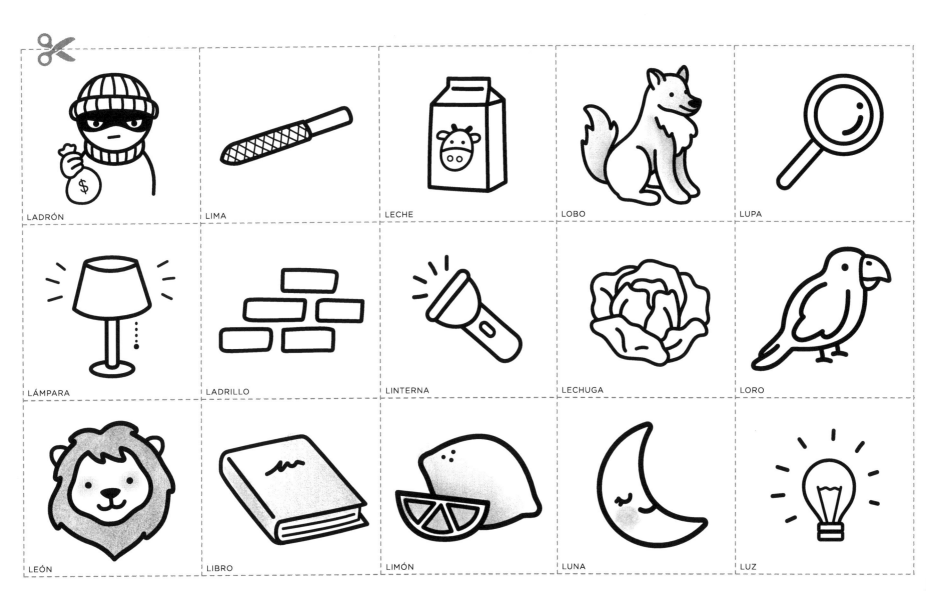

LADRÓN — LIMA — LECHE — LOBO — LUPA
LÁMPARA — LADRILLO — LINTERNA — LECHUGA — LORO
LEÓN — LIBRO — LIMÓN — LUNA — LUZ

CATEGORIZAR.

la   le   li   lo   lu

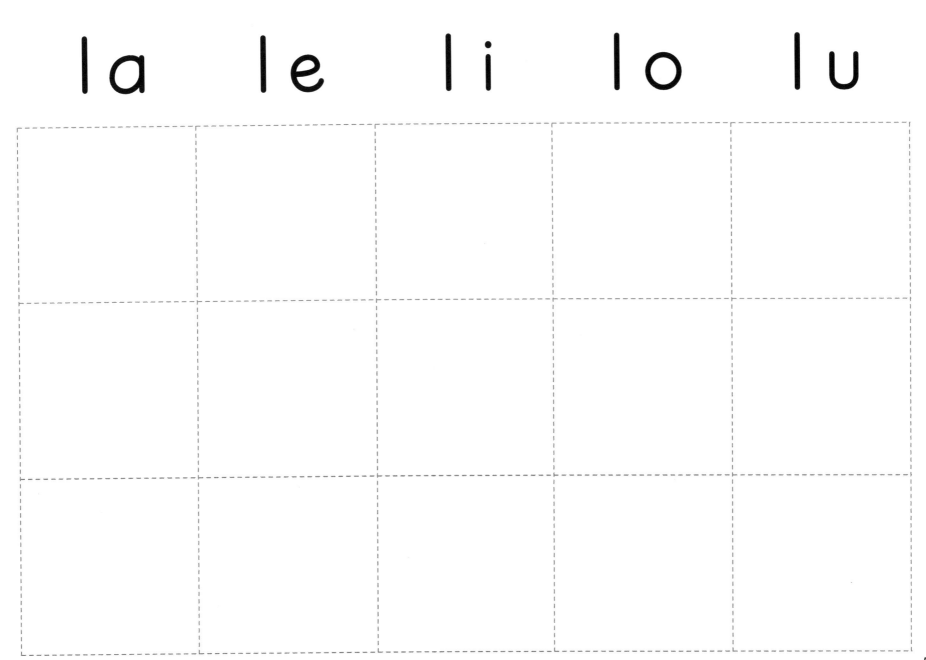

TIRA LOS DADOS Y COLOREA EL NÚMERO DE BURBUJAS QUE INDIQUE LOS DADOS.
LEE LAS SÍLABAS DE LAS BURBUJAS QUE COLOREAS.

REDONDEA LA PALABRA QUE CORRESPONDA

 pala | palo

 lupa | mula

 malo | loma

 sola | sala

 lima | lame

 mula | lima

CONECTA CON UNA LÍNEA LAS SÍLABAS PARA FORMAR LA PALABRA

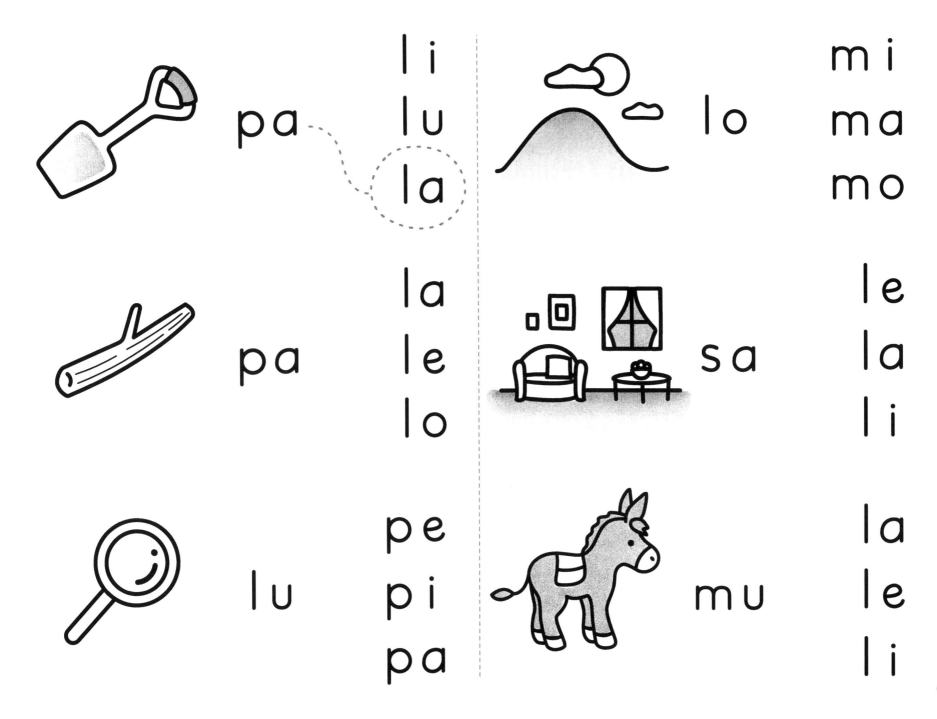

COMPLETA LA PALABRA CON LAS LETRAS QUE FALTAN

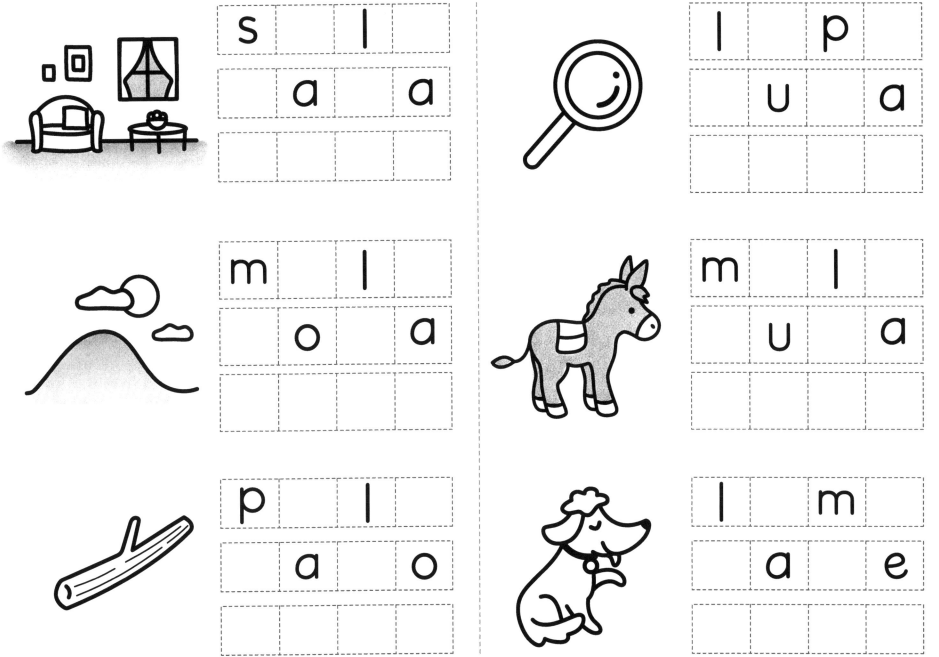

ORDENA LAS LETRAS PARA FORMAR LA PALABRA

palo lupa pala mula lima sola

COLOREA LOS DIBUJOS QUE COMIENZAN CON LA LETRA T

REPASA O TRAZA LA LETRA T

COLOREA O REDONDEA LOS DIBUJOS QUE COMIENZAN CON LA LETRA T

COLOREA LOS ESPACIOS CON LA LETRA Tt

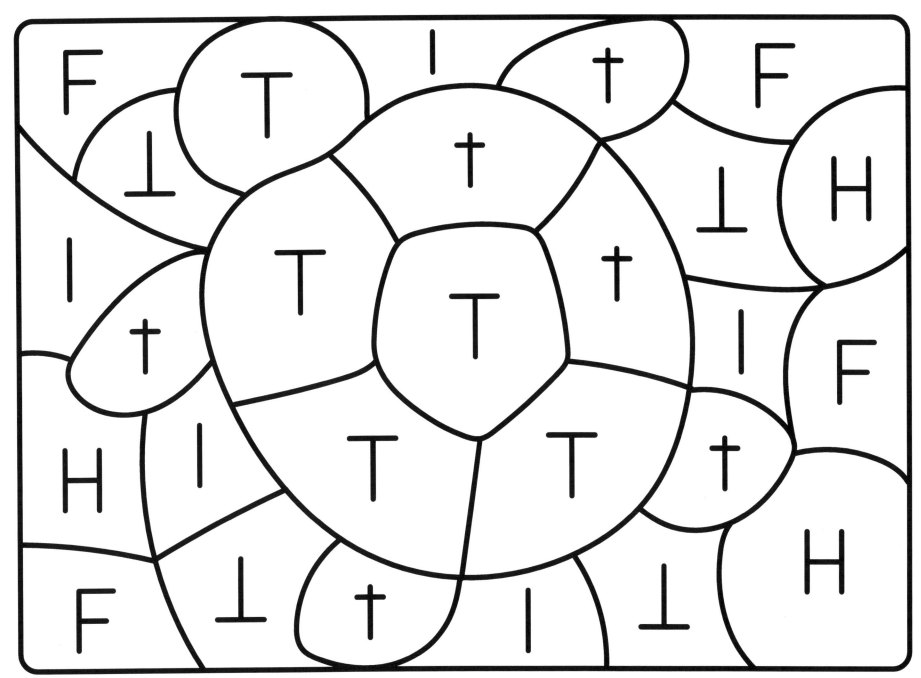

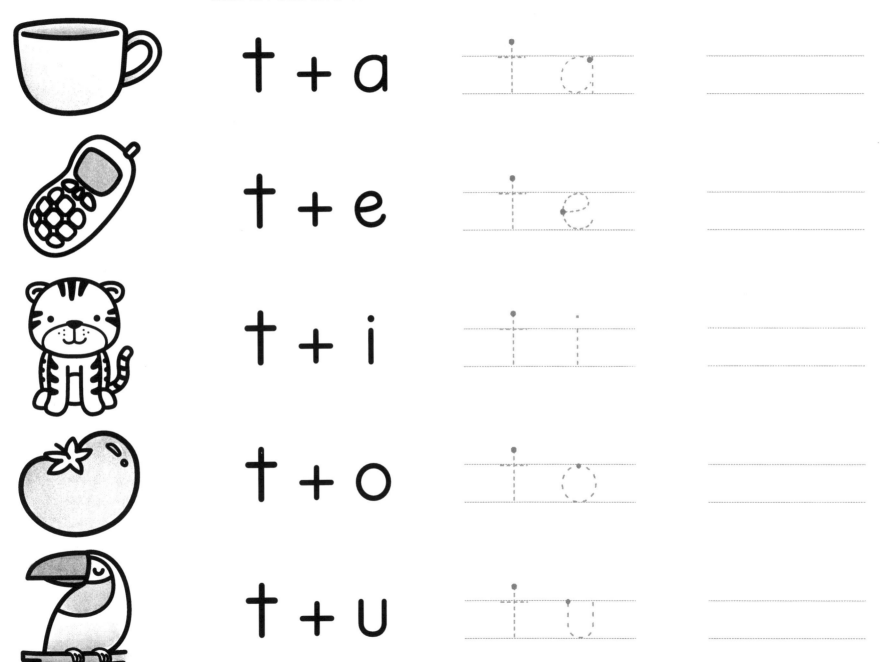

DI EL NOMBRE DEL DIBUJO Y UNELO CON LA SÍLABA INICIAL CORRESPONDIENTE.

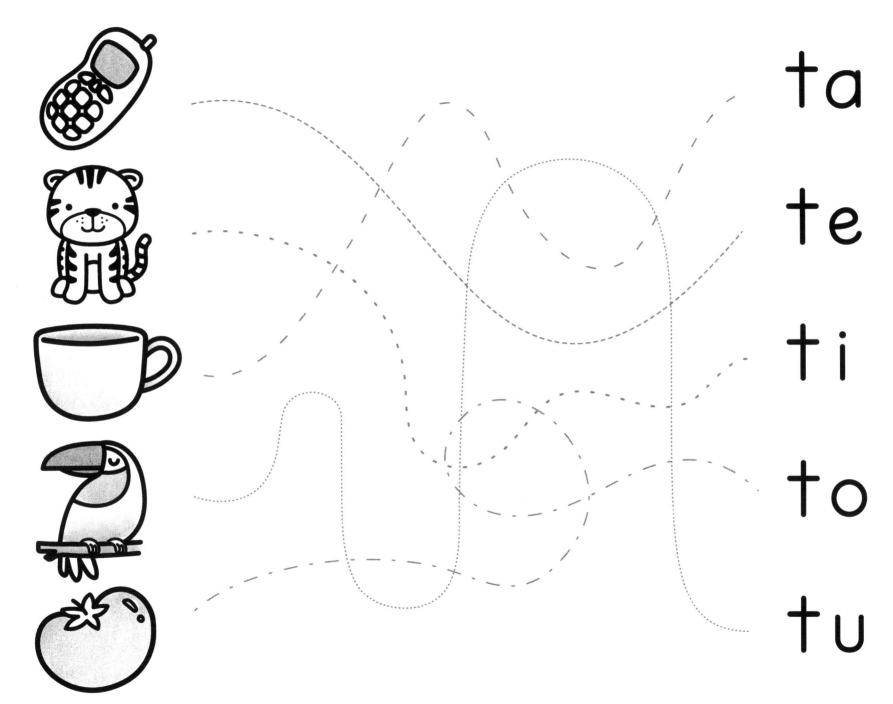

COLOREA LOS GLOBOS QUE TENGAN LAS MISMAS SÍLABAS QUE LOS NIÑOS.

DI EL NOMBRE DEL DIBUJO Y REDONDEA LA SÍLABA INICIAL.

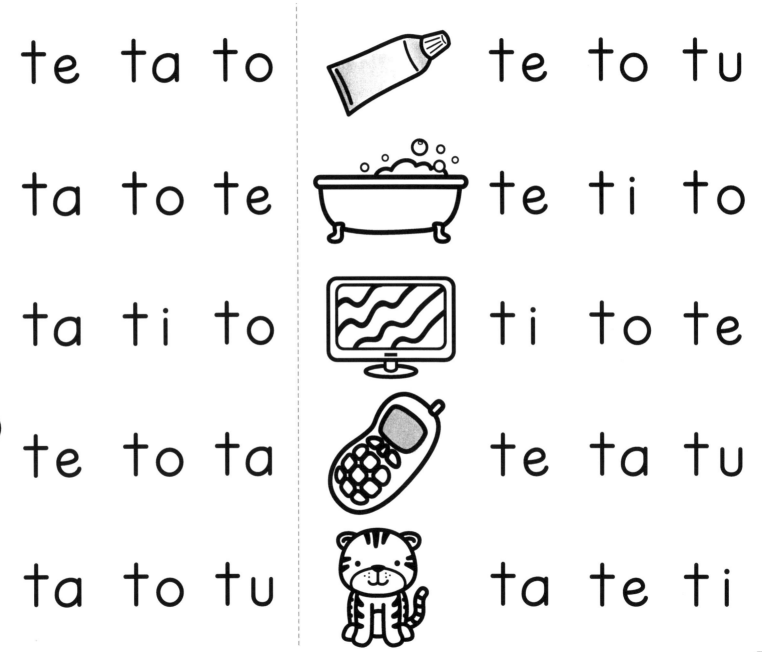

te ta to   te to tu

ta to te   te ti to

ta ti to   ti to te

te to ta   te ta tu

ta to tu   ta te ti

LEE Y TRAZA CADA SÍLABA. REDONDEA EL DIBUJO QUE COMIENZA CON LA SILABA QUE CORRESPONDE.

ESCRIBE LA SÍLABA INICIAL PARA CADA DIBUJO.

RECORTA LOS DIBUJOS Y AGRUPALOS SEGÚN SU SÍLABA INICIAL

ta te ti to tu

PÉGALOS EN LA SIGUIENTE HOJA.

TAXI — TORTUGA — TECHO — TETERA — TORRE
TAZA — TAMBOR — TOMATE — TIJERA — TUBO
TELEFONO — TINA — TIBURON — TULIPAN — TUNEL

CATEGORIZAR.

ta   te   ti   to   tu

TIRA LOS DADOS Y COLOREA EL NÚMERO DE BURBUJAS QUE INDIQUE LOS DADOS.
LEE LAS SÍLABAS DE LAS BURBUJAS QUE COLOREAS.

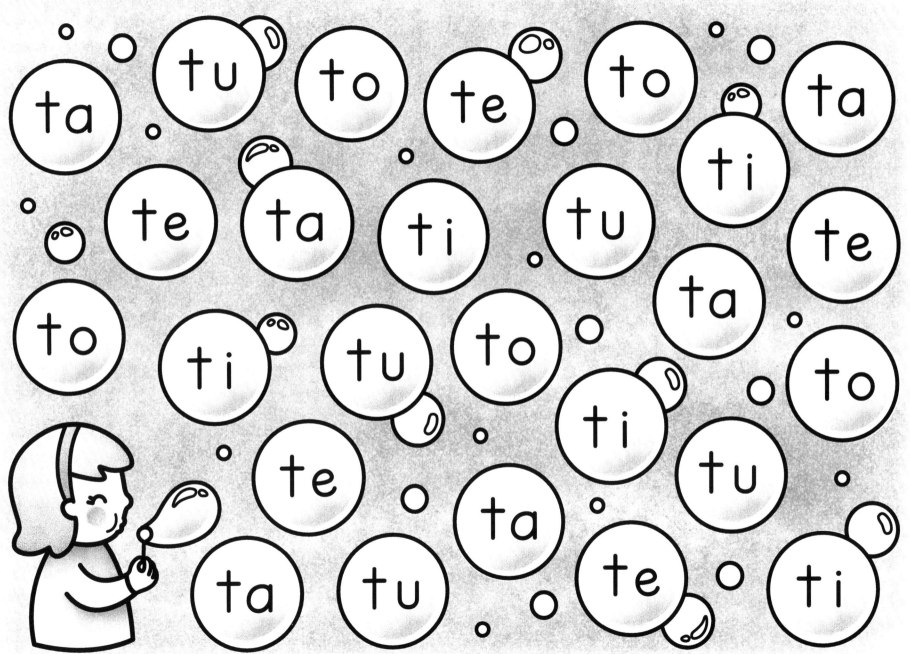

REDONDEA LA PALABRA QUE CORRESPONDA

toma | moto

pato | palo

lata | late

tapa | topo

seta | lata

tala | tapa

CONECTA CON UNA LÍNEA LAS SÍLABAS PARA FORMAR LA PALABRA

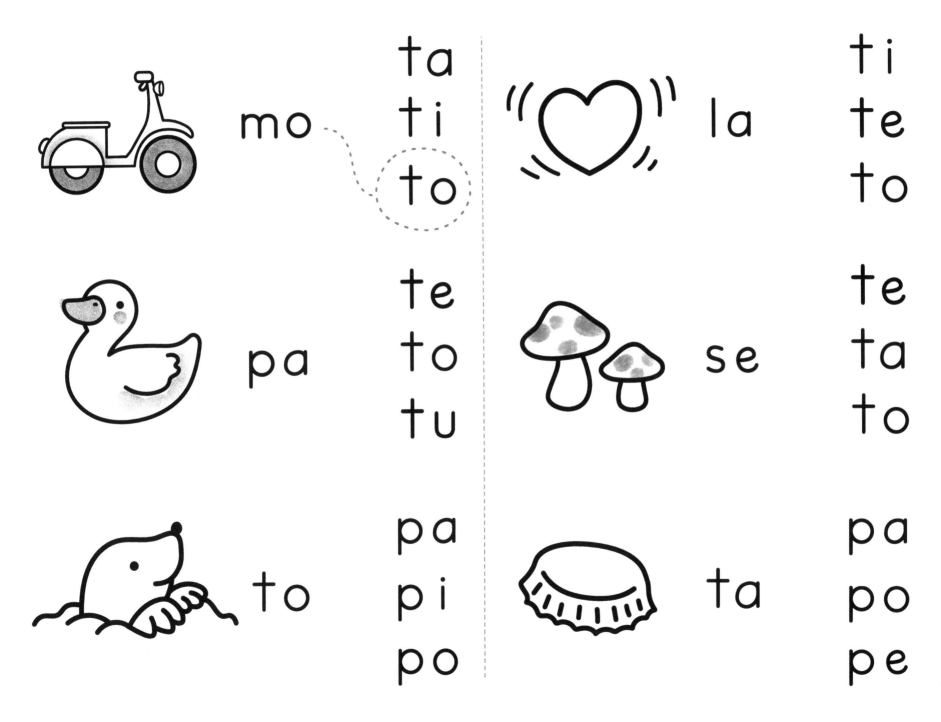

COMPLETA LA PALABRA CON LAS LETRAS QUE FALTAN

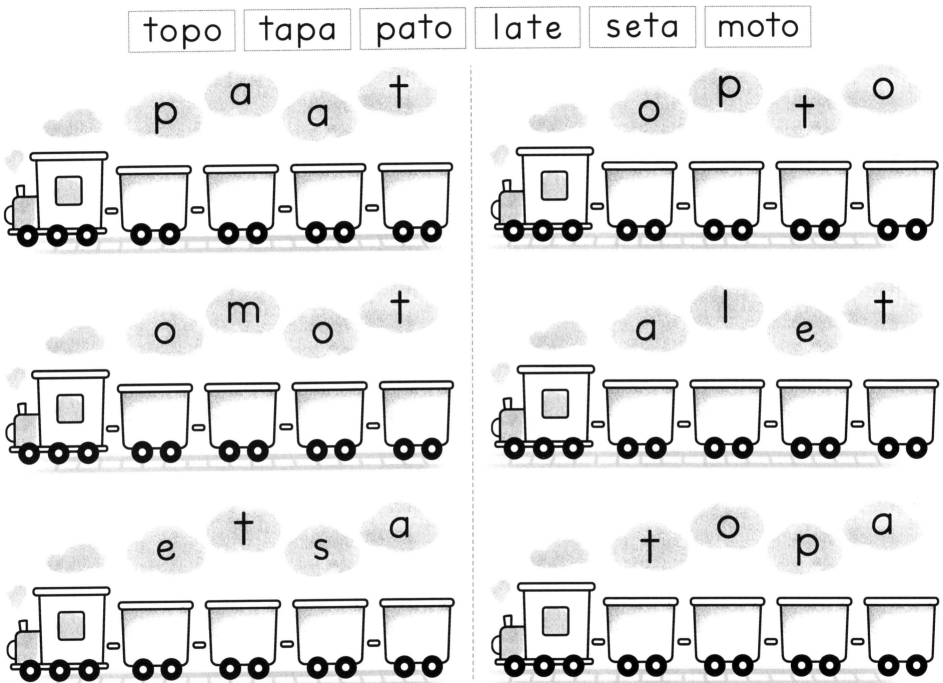

ÍNDICE

manzana	migas	pelota	policía	sofa
mapa	montaña	pato	pava	suma
mono	minero	pez	puerta	seta
mariposa	medalla	papá	puño	semilla
mesa	muñeca	pala	palo	sopa
mamá	mosca	patín	piña	serrucho
moto	masa	pan	pollito	sandía
miel	moño	pera	piso	soldado
moneda	momia	puma	sapo	saco
mano	música	pomelo	sombrero	sucio
muela	mimo	pollo	sol	serpiente
mula	Memo	pico	silla	siete
medusa	perro	pino	sala	sube

ÍNDICE

sirena	ladrillo	torre	tijera
luna	linterna	teléfono	topo
libro	lechuga	tomate	tapa
león	luz	tucán	araña
lápiz	lupa	tubo	avión
lobo	lee	televisión	escuela
lámpara	late	tina	insecto
lana	loma	taxi	imán
loro	lame	tiburón	oveja
leche	taza	techo	oso
ladrón	tortuga	tunel	uvas
lima	tigre	tulipán	
limón	tambor	tetera	

NOTAS

Made in the USA
Middletown, DE
27 August 2020